지쳐 드러눕고 싶을 때

전설 지음

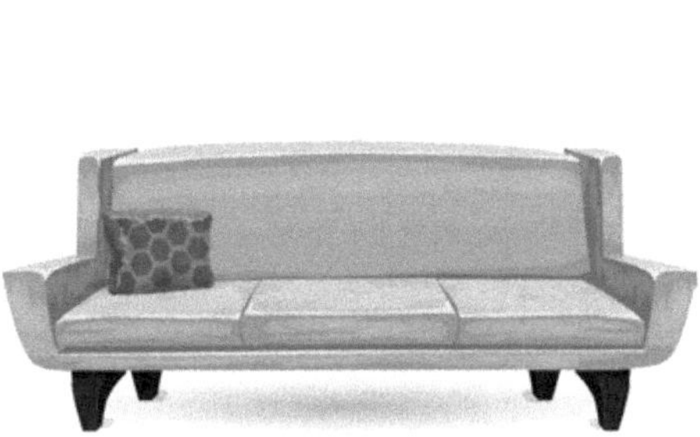

도서출판 디자인21

지쳐 드러눕고 싶을 때

전설 지음

머리말

누구나 살면서 힘겹다는 소리를 한 번쯤은 하게 된다. 인생이 매일 즐겁다고 외치는 사람은 아마 우리 사회에서 이상한 사람으로 치부될 수 있을 만큼 우리네 인생살이가 그렇게 녹녹지 않다. 그런데도 늘 긍정적인 심리로 생활하고자 노력한다면, 하루하루의 삶이 감사함과 축복으로 가득 차게 된다.

내가 너무나 힘에 겨워 정말 지쳐 드러눕고 싶은 순간, 주변에서 내미는 따뜻한 손이 그렇게 감사할 수가 없으며 다시 삶에 대한 의지를 갖고 회복 탄력성을 갖게 된다. 힘들다고 얘기하지 않고 살면 너무나 좋겠지만 인간이다 보니 온갖 예상치 않은 상황을 접하면서 갑자기 다리에 힘이 풀리고 눈에 초점이 사라지며 땅바닥에 주저앉게 된다. 늘 곁에 계실 것만 같았던 부모님께서 어느 날 갑자기 떠나신다는 말씀 한마디 없이 명을 달리하시고, 내 곁에 영원히 같이 있을 것만 같았던 배우자가 뜻밖의 질병으로 하늘나라로 영원한 이별 여행을 떠나고, 어떤 면에서는 집안의 자녀들보다 나를 더 반겨줬던 반려견이 짧은 만남을 뒤로한 채 무지개다리를 건너갈 때 우린 망연자실하여 삶의 희망과 의의를 잃게 된다. 하물며 내가 목숨을 다 바쳐 키운 사랑스런 자녀가 한 마디 말도 없이 떠나간다면 세상에 이보다 더 큰 슬픔은 없을 것이다. 그래서, 다들 있을 때 잘하라는 말을 하나보다.

내가 꼭 누군가에게 위로를 받고 싶어서가 아니라도 우린 함께 서로 오순도순 살아갈 이유가 너무나 많다. 물론 예전의 이웃사촌과 같은 느낌을 현대식 아파트에서 느끼기란 쉽지는 않겠지만 그래도 마음의 문을 열어 될 수 있는 대로 함께 하고자 하는 마음으로 취미활동을 같이하거나 필요한 물품을 공동으로 구매하여 서로 얼굴을 마주 보며 간단하게라도 대화를 나눌 수 있다면 이보다 더 행복한 작은 기쁨은 없다고 본다. 저녁이 있는 삶이라는 것이 꼭 가족끼리의 대화나 함께 하는 것도 의미 있지만, 옆집에 사는, 옆 동에 사는, 옆 단지에 사는 이들과 도란도란 치맥에 살아가는 이야기를 나눈다면 이것만으로도 감사할 일은 흘러넘치는 것이다.

내가 타인에게 은혜를 베푼 만큼 나 역시도 그만큼의 배려와 은혜를 되받을 수 있다. 꼭 기브 앤 테이크가 아니라 하더라도 평소 주변에 좀 더 관심을 두고 나눔을 실천한다면 내가 뿌린 사랑의 씨앗들은 언젠가 내가 힘들 때 큰 거목으로 따가운 햇볕과 차가운 눈보라를 막을 수 있는 포근한 휴식처를 제공해주게 된다. 내가 아무런 배려나 사랑을 실천하지 않았는데 내가 힘들다고 해서 무조건 타인에게 기대와 의지를 하는 것은 옳지 않지만 그렇다고 반드시 수학적인 가감법으로 인간관계를 대할 필요는 없다. 지금 당장 내가 힘들면 정이나 사랑의 빚을 우선 받고 나중에 더 그 받은 사랑에 대해 그분은 물론 주변에 이를 아낌없이 돌려주면 된다. 다만, 너무나 이기적인 마음으로는 이 험난한 세상에 같이 살 수 없으므로 한 번쯤은 주변을 둘러보고 같이 손을 맞잡고 걸어가 보는 것은 어떨까?

지금, 이 순간, 지쳐 드러눕고 싶은 사람이 있다면 다행히 이 모든 아픔을 같이 슬퍼해 주고 울어줄 수 있는 전박사의 넓은 마음의 배를 같이 타고 인생의 험한 여정을 같이 하면 어떨까 제안해본다. 우리네 삶이 비록 힘겹고 고달프다고 해도 같이 함께라면 파도가 일렁이고 물결이 거세게 몰아치는 험난한 바다에서 같이 이 풍랑을 헤쳐 나갈 수 있다고 생각한다.

'힘들면 잠시 멈추어 가도 좋습니다. 그리고 지치면 드러누워도 좋습니다. 그리고 힘들면 힘들다고 외쳐도 좋습니다. 그렇게 우리네 인생 도란도란 같이 행복하게 살아보아요!'

차례

Ⅰ.

지쳐 드러눕고 싶을 때

지쳐 드러눕고 싶을 때

왜 자꾸 달리라고만 하는 걸까?
그냥 달리지 않고 땅바닥에 주저앉아 잠시 쉬면 안되는 걸까?

늘 그렇게 달리라는 주변의 주문
그것이 숙명이고 인생인줄 알았다

잠시 쉬면서 커피 한 잔의 여유도 즐기고
조직에서도 승진만 바라보지 말고
휴직도 하면서 그렇게 여유라는 친구를 찾고 싶었다

어느 순간 찾아온 번아웃
기진맥진이라는 또 다른 인생의 그림자

나에게 신호를 보낸다
더 이상 달리면 하늘나라 갈수도 있다고

그럼에도
그 신호를 무시하고 어쩔 수 없이 달린다
내가 달리지 않으면 그 누군가는 굶주림과 피폐한 삶을 살아야하기에
끝없이 달린다

나도 쉬고 싶다
이제는 조용히 앉아서 쉬고 싶다
쉬고 싶을 때 쉬지 않으면
그냥 땅바닥에 주저앉아 드러눕고 싶다

이렇게 하지 않으면
다시는 일어나지 못할 수도 있음을 알기에

그래! 이것이 인생이지!

알수도 없는 문제의 해답을 찾으며
그렇게 그렇게
한없는 시간의 터널속에 나의 자아를 찾으며
달려온 시간의 연속선
그 스펙트럼에서 진정한 해답은 찾지 못했지만
인생의 뒤안길에서 찾게 되는 삶을 바라보는 관조적인 태도

조급함을 버리고 때로는 느긋함으로
불안과 공포보다는 이를 헤쳐나갈 수 있다는
자신감으로
누군가의 아들이라는 역할에서 벗어나
다양한 사회적 제도가 주는
시스템의 얽매인 어쩌면 노예같은 노예이지만
이를 행복이라는 이름으로 치장하고 포장하며
그렇게 달려온 인생!

아직도 달려갈 길이 있음에
그리고 달릴수 있는 힘이 있음에
삶을 바라보고 해답없는 문제를 조금은 분석할 수 있음에
자그마한 감사를 드리고
주변을 한 번쯤 돌아볼 수 있는 마음의 여유에
그것마저도
기쁨이라는 우물의 샘이라고 착각하며
그렇게 살아갈 수 있는 인생을

감히감히
중년이라는 이름으로 명명해 본다

그해 겨울은 유난히 따스했네

내가 떠나면 그 때는 나를 찾으며 그리워할거야
그렇게 떠나갔다
멍하니 하늘을 바라본다
어렴풋이 떠오르는 얼굴
흩날리는 눈발에 눈물이 흩뿌려진다
목놓아 대성통곡한다
왜 이렇게 가야했을까?
아니
그렇게 떠나간 것이 잘된 일일까?

해맑게 웃으며 늘 아기처럼 천진난만했것만
모두가 한 자리에 모인다

그렇게 귀찮아하며 전화조차 받기 싫어했건만
이제는 모여서 목놓아 운다

아름다운 이별일까?
차라리 잘 된 걸까?
이제는 자유가 생긴 것일까?
더 이상 돌봐줘지 않아도 되어서 좋은 것일까?
무수히 스쳐가는 생각들

떠나보내며 이제는 모든 것을 지워야 한다
우리는 모두 떠나야 할 존재
잠시 먼저 떠난 것일뿐
내가 없는 이곳에서는 또
누가 날 위해 울어줄까?
내가 쓸쓸하고 외로울 때 전화를 걸 친구는 누구인가?
주저하지 않고 내 전화를 밝게 받아줄 사람은 누구인가?

유난히 엄마가 보고 싶다
그래!
엄마 곁에 먼저 가서 날 기다려!
나도 시간이 흐르면.......

엄마

돌짝길 걸어가는 주름진 나그네 인생
지난날 정성껏 가꾸었던 사랑의 손길들은
온데간데없이 사라지고
이제 남은 것은 원망과 한탄뿐

끝없이 달려가는 인생의 이정표
엄마라는 이유로 모든 것을 희생하고
그렇게 인생의 모든 짐을 짊어지고 살았네

엄마라는 이유로 엄마는 무조건 참아야 하는 줄 알았고
엄마라는 이유로 엄마는 화를 내지 않는 줄 알았고
엄마라는 이유로 엄마는 무조건 먹을 것을 나에게 양보하는
그저 희생과 참음의 대상으로 알고 살았네

내 나이 들어 인생을 돌이켜보니
엄마도 한 명의 인간이었고
엄마도 한 명의 여자였네

힘듦을 힘들다 하지 않고
고통을 고통스럽다고 말하지 않고
오로지 내 새끼 입에 들어가는 밥알을 헤아리며
그렇게 엄마는 날 위해 사셨네

유난히 찬 바람이 불던 그 어느 날
엄마는 날 보고 싶다며 찾아오셨지만
난 바쁘다는 핑계로
채 10분도 이야기를 나누지 못했네

무더운 그 어느 여름날
한마디 마지막 작별 인사 없이
그렇게 그렇게
엄마는 떠나가고 말았네

창백한 포르말린에 유난히 밝게 웃던
나의 엄마 엄마

이제는 주름진 얼굴만 봐도
떠오르는 엄마 엄마
내 애간장 타오르도록 부르고 싶은 엄마
그 따스한 손길을 오늘은 한 번만이라도

부여잡고 흐느껴 울고 싶네
난 난 난
엄마를 아직도 그리워하고 있음을.....

하늘나라에 전화 걸다

핸드폰에 무작위로 번호를 눌러 본다
설령 낯선 사람이 전화를 받아도 좋을 것 같은 오늘 이 시간

아무도 받지 않는 00000000 이 번호를 계속 누른다
마치 이 번호는 엄마가 하늘나라에서 받으실 것만 같다

엄마,
왜 좀 더 이곳에 계시지 않으셨어요?

엄마에게 따뜻한 코트 한 벌 사드리고 싶어요
엄마가 좋아하던 쇠고기 육개장 한 그릇 맛있게 끓여
드리고 싶어요
아니,
엄마! 한 번 안고 엄마 손 잡고 싶어요
그렇게 엄마 품에 안겨 한번은 목놓아 울고 싶어요

엄마!
내 목소리 들려요?
그곳은 춥지는 않아요?

외로운 산자락에 엄마를 묻고 오던 날
하늘에서는 잔잔한 보슬비가 내렸어요

밤하늘의 어둑어둑한 그림자가 무섭지는 않아요?
이제는 자식 걱정 그만하고
조용히 편히 쉬셔야 하는데
하늘나라에서도 우리 돌봐주고 걱정하시느라
힘든 것은 아닌가요?

왜 이렇게 눈물이 흐르는 걸까요?
엄마 소리만 해도
드라마에서 엄마만 나와도
엄마 또래 연세 드신 분들만 봐도
눈물이 또로롱 맺히고
그저 울고 싶은 나는 갱년기인가요?

늘 내가 큰 인물이 될 거라며
크게 격려하고 용기를 주셨던
나의 사랑스러운 엄마
엄마 엄마
넘 보고 싶어요!!

청춘 애상

청춘을 가끔 그리워한다
그때로 되돌아가면 난 이렇게 살지 않을 거야

막상 청춘이 주어지고 똑같은 삶을 반복해야 한다면
난 차라리 그 길을 가지 않으리라

돌이켜보면 손에 잡힐 듯
몇십 년 세월이 그렇게 흘렀다

다시 그 시절로 되돌아가야 한다면
그것은 끔찍한 운명의 장난일 거야

젊은 청춘은 바쁘고 힘들다
한 달에 저축 20만 원 하기가 너무나 힘들다
도대체 10억 가까운 집을 어떻게 장만해야 할까?

그냥 인생 별것 없다

그래!
외제 차 한 대 뽑고 뽀대나게 그렇게 살아보자!

아니야!
이 돈 다 쓰고 나면
난 어떻게 살지?

끝없이 떨어지는 비트코인
하루에도 천당과 지옥을 오간다
이제는 도박 같은 인생만이 펼쳐진다

결혼은 나에게 사치
나 혼자 사는 것도 버겁다
누군가를 돌봐야 한다는 부담감
난 그렇게 부모님처럼 살기 싫다
자식 낳아서 내 인생을 포기하고 싶지 않다
난 나 자신도 커버하기 힘들다

단칸 자취방에 따스한 한 줄기 빛이라도 들어오면 좋겠다
반지하 방에서 풍기는 쾌쾌한 곰팡내
이렇게 내버려 두는 부모님이 야속하지만
이제는 그분들도 자신들의 삶을 걱정해야 하기에

난 오늘도 이렇게 라면 국물에 소주 한 잔으로
나의 삶을 추슬러 본다

내일 제발 주식이 떡상하길 바라며......

목놓아 울다

눈물이 말랐을 때 나이가 들었다고 한다
난 그러고 보면 아직 만년 소년 아니 아기인 듯
TV에서 전하는 슬픈 소식만 보면
그냥 눈물이 난다

친구들은 갱년기 우울증이라고 놀린다

감수성이 풍부한 것은 나의 큰 자산
타인의 아픔에 슬퍼하고
기쁨에 같이 축하해주고
그렇게 도란도란 살아가는 것이 인생이다

엄마라는 이름 앞에 한없이 약해지고
목이 껄껄
대성통곡하는 나의 모습에
내 지난 시간을 돌이켜본다

목놓아 울 수 있는 시간은 단지
나 혼자 있는 시간과 공간뿐
누구에게도 들킬 수 없는
나만의 슬픔과 고통

목놓아 울면서 그리움을 찾고
목놓아 울면서 잘못한 일들에 대해 반성하고
가식적인 악어의 눈물이 아닌
진정한 삶에서 느끼는 감정의 표출
솔직한 삶을 살고 싶다

인생 2모작

이제는 나만의 삶을 살고 싶다
누군가의 엄마 누군가의 아빠
누군가의 아들이 아닌
내 이름으로 내 인생을 살고 싶다

그렇게
나의 인생 2모작을 시작하고 싶다

인생에 던져진 차가운 굴레의 무게를
이제는 조용히 던지고
내가 포기하지 못했던 나만의 삶을
하나하나 꾸려가고 싶다

한없이 앞만 보고 달려온 나의 인생
그렇게 내세울 것 없지만
하루하루 최선을 다하며 살아온 나의 삶

돌이켜보면 잡힐 듯 느껴지는 몇십 년의 인생살이
이제 와 돌아와 생각해 보니 한 줌의 바람과 같은 일장춘몽

새로운 나의 삶이 두렵게 느껴지지만
한 발 한 발 내디뎌보리라

이제는 나의 힘으로
그렇게 걸어보리라
나의 길을...

중년의 삶

후회하지 않는다
지금 이대로의 삶이 좋다는 자위 속에
안정적인 삶에 위로를 찾는다

후배들에게 미안한 것은 오롯이 나만의 착각일뿐
그들을 안쓰럽게 바라보는 것만으로도 큰 죄책감
월급으로 집을 구하는 세상은 지난 것인가?

널리고 널린 게 원룸과 빌라라고 하지만
뽀대나게 살고 싶은 것은 사람의 한결같은 바람
집 한 채 가지고 있음에 감사를 드리고
따뜻한 물이 콸콸 나오는 욕실에 더러워진 몸을 씻는 호사스러운
생활에
난 오늘도 감사를 드린다

청춘이 누가 아름답다고 했던가?
고통스러운 청춘을 미화하기 위한 자구책일 뿐
그들의 피 끓는 젊음과 도전의식이 때로는 부럽지만
미래에 대한 막연한 두려움은 그와 더불어 주어지는
반찬인가?

하루하루의 삶에 다시 영혼을 맡겨 본다
내일은 오늘보다 나으리라는 기대감 속에
눈가에 주름진 인생의 표창장을 들고
한잔의 쓴 커피 대신 달콤한 주스를 마셔 본다

Ⅱ.

작은 gathering
큰 bliss

작은 gathering 큰 bliss

카톡 인생

자신감

신문

예고없던 이별....

희망

새벽송

낯선 이들과 만남

인생은 외로운 여행

작은 gathering 큰 bliss

왜 그렇게 쓸데없이 다른 사람을 돕고
다른 사람과 함께 하며
다른 사람과 즐거움을 찾는데
오히려 힘겨워하는지
그러한 엄마의 삶을 이해 못 한 어린 시절의 나

세월이 흘러
난 그토록 싫어했던 엄마의 삶을 살고 있다

모임을 주선하고
30~40명 아니 100명이 모이는 파티를 주선하고
음식을 밤새 바리바리 해서
그렇게 소박 아닌 소박이라는 이름으로
사람들과의 gathering을 주선하고 있다

나에게는 무슨 이익이 있을까?
아무것도 경제적인 이익은 없다
하면 할수록 적자 나는 형국

그런데도
그런데도
계속하는 이유는 무엇일까?

삶에서 느끼는 큰 bliss
굳이 무언가를 바라고 굳이 이기적인 목적 없이
그냥 그저 사람이 좋아서 하는
나만의 행복함

주는 즐거움이 받는 즐거움보다 더 크다는 사실
이제 이제
조금씩 알아가나 보다

카톡인생

코로나라는 이름으로
서로를 거부하기 시작했다

　회식하지 않아 보기 싫은 꼰대 상사를 만나지 않아
　환호성을 지른다

카톡으로 모든 일을 처리한다
카톡 단톡방에서
그저 영혼 없는 근황을 물으며
서로 궁금하지도 않은 안부 인사를 전하는
알맹이 없는 인간관계로 전락한다

　서로 이름도 얼굴도 모른다
　닉네임만으로 짐작할 뿐이다

수많은 공간이 서서히 나의 삶을 자리 잡는다
대면은 이제 사치
그저 카톡에서 가끔
안녕이라는 이름으로
말 건네는 것만으로도 호사

모든 일이 그렇게 흘러간다
가짜 인생으로 치부하기엔
이제는 대세가 되어버린 카톡인생
카톡 하나로 모든 것이 해결되는

....
따스한 인간의 숨소리가
인간 내음 풀풀 풍기는 그런
온정어린 만남이 그립다

자신감

열등감보다는 나에 대한 자신감
뭐든지 안된다는 생각보다는
무조건 타인을 까서 느끼는 희열보다는
타인을 존중하고 칭찬하면서
나 자신도 더 잘될 수 있다는 기대감과 희망으로
이는 나에 대한 자신감

그래!
부족해도 좋다
모자라도 좋다

하지만
열등감 폭발로 타인을 비방해서는 안 된다
나를 사랑하고 아끼는 마음
나에 대한 믿음과 사랑으로
나를 지키고자 하는 마음
이것이 진정한 자신감이다

준비된 자만이 인생을 즐길 수 있다
마냥 타인에 대한 비방과 남 탓만으로는
언제나 그 자리에서 쪼그라져 있게 된다

나는 할 수 있다
나는 해낼 수 있다
그래!
그렇게 살아보자

신문

자고 일어나면 들리는 끔찍한 소식들
철도폭파로 수백 명이 죽었다
남편을 살해하기 위해 계곡에서 강제로 밀었다
지하철에서 어린 학생들이 연세 드신 어르신을 무차별 공격
끝없이 이어지는 산불행렬
활활 타오르는 산불을 보며 눈물을 흘린다
송이밭에서 울부짖던 어르신의 넋 놓음이
내 가슴을 파고든다
강아지를 산채로 차 뒤에 끌고 다녀 일명 개죽음을 자행하는
인간 버러지

댓글을 읽으면서 사람들의 마음을 함께 읽어내려간다
나와 동시대를 살아가는 그들의 마음은 어떤 것일까?
상식보다는 비상식이 통하고 서로를 못 죽여서 안달하는
저 비정함 속에서

그래도
안타까운 상황을 같이 슬퍼하고
기쁨을 함께 나누는 온정이 살아있다
얼마 안 되는 돈이라며 불우이웃을 위해 써달라고...
안락사당하기 직전 입양하여 강아지를 품에 안아주는 따스한 사람들
잿빛 하늘만 있는 것은 아니다

신문을 읽지 않고 더 보지 않으려다가
다시 가뭄에 단비를 찾듯 희망에 가득 찬 기사를
찾아본다

그래!!
그렇게 인생은 살아갈 만한 가치가 있다
똥 밭에 굴러도 이승이 좋다는 어르신들의 말이
오늘도 뇌리에 스친다

예고 없던 이별...

저가 과연 얼마나 살 수 있을까요?

3개월마다 찾아가는 병원
도전해 보라며 4개월 만에 찾게 한 주치의 선생님

늘 밝은 얼굴로 웃음 가득 환자를 맞이해주던 분당서울대병원 선생님

삶에 지친 나에게 위로를 주고
당뇨로 걱정하던 나에게 할 수 있다고 용기를 주셨던
선생님

내가 타인에게 늘 기쁨과 용기를 주고자 노력했다면
난 이분에게 위로와 용기를 얻었다

잦은 모임으로 나 자신에게 냉철하지 못하고
잦은 모임으로 나 자신을 홀대했던 나에게
혈액검사는 또 다른 두려움의 대상
2시간 기다리는 순간
난 또 다른 공포를 느낀다
이번에 혈색 당화 수치가 높아진다면?

혼남을 각오하고 크게 꾸짖어달라고 했건만
선생님은 오히려 나에게 용기를 주신다
잘하고 계세요
충분히 40~50년 더 사실 수 있으니
이제 인생의 계획을 멋지고 세우고
약을 끊고
그냥 스스로 한 번 일어나봐요

누군가에겐 내가 힘이 되었다면
이 선생님은 나에게 힘이 되었다

갑자기 걸려온 전화
"이제 김주영 선생님은 더 병원에…"
감사하다는 이별의 말 한마디 전하지 못한 채
그분은 그렇게 내 곁을 떠났다

너무나 생각이 난다
나도 타인에게 그러한 존재일까?
내가 떠난다면 나를 그리워하고 보고 싶어 할까??
김주영 선생님
감사 인사는 하도록 해주셨으면 좋았는데..

누군가를 그리워하며 보고 싶어 하고 감사하는 마음은
근래 최근이다!!

보고 싶어요, 그리고 감사합니다
선생님!!

희망

빨랫줄에 희망이 팔랑거린다
일렁이는 봄바람에 빨랫줄에 걸어둔 이불이 마냥 춤을 춘다
봄바람은 나의 맘에도 희망을 던져준다
잘될 거야! 잘될 수 있어!

하지만,
이제 큰 욕심은 없다
그렇게 살아가는 것이 인생이니까!

조용히 주문진 바다를 산책한다
늘 그렇듯이 찬란하지는 않지만 일렁이는 파도 소리를 전해주며
그렇게 하얀 모래 백사장과
조화를 이뤄가며 산다

실낱같은 희망이 나에게도 있다면
그 희망은 무엇일까?

좀 더 돈 잘 벌고 건강하고
좀 더 좋은 강남아파트에서
그렇게 그렇게 살아가는 것?

어서 재개발되길 기도한다
그렇게 그렇게
시간이 흘러가겠지
우리의 인생도 그렇게....

새벽 송

이 시간만큼은 난 내 삶의 주인공
누구도 나를 건드리지 않는다

조용한 새벽 시간이 좋다
언제 동이 트는지 모르지만
난 이 새벽을 즐긴다

모든 것이 조용히 잠자며 단지
어둠만이 내려앉는 이 시간
난 나 자신을 돌이켜본다

내가 살아왔던 과거의 시간
그리고 치열하고 가멸차게 살아야 할 현재의 시간
그리고 앞으로 닥칠 이름 모를 미래의 시간

시간아! 시간아!
멈춰달라는 부탁은 하고 싶지 않다

그냥 가끔은 나 자신들 돌이켜볼 수 있는
그러한 맘의 여유를 줬으면 좋겠어!

새벽안개가 걷히고 밝음이 다시 찾아온다
어둠을 뚫고 어슴푸레 찾아오는 밝음의 향연 속에
난 오늘이라는 이름을 찾으며
다시 용기를 내어본다

낯선 이들과 만남

시간 나면 한 번 만나요

네네

한번 만나요

다음 주 시간 되면 한 번 만나요

그렇게 허공에 기약 없는 약속을 한다

시간이 흘러

그 시간이 찾아온다

두렵다

걱정된다

만나야 될까? 말아야 할까?

카톡 단톡방에서 친한 척 이야기를 나눴지만

막상 시간이 되면 찾아오는 이 없는 이 현실

다들 나이 들어 만나는 것이 두려울 것이다

걱정될 것이다

하지만,

2명이 3명, 다시 4명이 5명으로..

사람이 보고파 그리워

치맥은 이름뿐

사람이 그리워 만난다

코로나를 핑계로 다들 인간관계가 소원해졌다

만남은 이제 사치가 되었다

그럼에도 그럼에도

얼굴을 마주 보고

맥주 한 잔과 치킨 한 조각에

인생의 시름을 지워본다

그렇게 인생은 살만한 것인가보다

전화번호를 주고받으며

마치 몇십 년 알고 지낸 듯

나이에 따라 형, 동생의 관계가 맺어진다

때에 따라 단톡방이 만들어진다
다음을 기약하며
마지막 코스는 소맥을 마신 후
알딸딸 취한 기분에
밤공기를 적시며
무인 아이스크림 가게에서 유명한 아이스크림 하나를
사 먹으며
인생의 사치를 부려본다
최고가의 아이스크림을 핥으며
인생의 작은 기쁨을 느낀다

다음 만남은...
다음 만남은...

아무도 모르지만, 다시 번개팅이라는 이름으로
만나겠지

우리네 인생은 그러하듯
이름 없는 기약 없는 만남의 연속...

인생은 외로운 여행

부모님마저도 대신할 수 없는 외로운 인생 여행
그래!
인생은 그렇게 외로울 수밖에 없다

타인과 많은 시간을 보내고 하하호호
즐겁게 떠들며 웃어도
그 시간이 지나면 어느새 인생은 외로움의 연속

누구도 내 삶을 대신할 수 없다
그렇게 홀로홀로 앞을 걸어가야 한다

가족이라는 이름으로 아름답게 포장되어 살지만
각자의 삶을 살아야 하기에
나의 주어진 몫을 대신할 수 없다

외롭지만
외롭다고 하지 않는다
그것이 예정된 숙명이니까

지쳐 쓰러지고 싶어도
가족이라는 이름으로 그들을 돌봐야 하기에
절대 넘어지면 안 된다

외로운 여행을 누가 만들었을까?
누가 가게 했을까?

왜 태어나게 했냐며 부모를 원망하는 드라마주인공이
화면을 채운다
네가 이 세상에 빛을 보게 된 것은 이 자식아!
그래도 행운이었음을 그래도 감사해야 함을…

세월이 좀 더 지나면 부모님의 마음을 알겠지!
인생은 그래도 살만한 곳이다
도란도란 소확행을 꿈꾸며 오늘도 달려보자!

Ⅲ.

벚꽃 비

벚꽃 비

이름없는 풀꽃

주문진 소돌해변

강릉 경포대

고흥 유자

부산 해운대

반포동

유채꽃

벚꽃 비

추위가 기승을 부린다
언제까지 봄은 이렇게 애간장을 녹일까?

하얀 벚꽃 사진을 말 그대로 사진에서만 바라본다

아파트 한쪽에 자리 잡은 벚꽃은 수줍은 새색시처럼
조금만 자태를 드러낸다

그렇게 수줍은 자태 대신
밝고 화사한 큼직한 벚꽃을 바라본다

부산에 가 있는 후배가 만개한 벚꽃 사진을 보내준다

그래!
벚꽃은 남쪽에서 위로 올라오지!

하루하루 바쁘다는 핑계로 주변을 돌아보지 못한다
어느 날 큰비가 내린다
두루룩 두루룩
빗소리에 창밖을 무심코 내려다본다

그렇게 그렇게
꽃비가 흩날린다
사방에 떨어진 너의 아름다운 자태에
내 마음도 같이 울음을 터뜨린다
왜 좀 더 같이 있지 못하고 떠나야만 하는 것인지..

벚꽃 비가 멈추면 이제는 파릇파릇 또 다른 모습을 보이겠지만
나에겐 하얌과 분홍빛 자태를 화사하게 드러내던
너의 밝은 미소만이 오래오래 간직된다

이제 또 너를 만나기 위해
또 다른 1년을 기다려야 한다
그때까지 안녕, 안녕!!

이름 없는 풀꽃

텃밭을 가꾸다 발견하게 되는 이름 없는 풀꽃
꽃이라고 하기엔 화려하지도 않고
풀이라고 하기엔 너무 화려한
너의 정체는 무엇일까?

뽑으려다 말고 화단 한쪽에 조용히 자리를 내어준다
보랏빛 수줍은 미소로 아침이면 자태를 수줍게 드러내
던
너는 너는
도대체 어느 별에서 왔을까?

모든 사람을 같은 잣대로 평가하는 세상
더 좋은 집에 살고
더 좋은 차를 타고
더 좋은 직장에 더 좋은 학벌에
그렇게 규격화된 세상에서

이름 없는 풀꽃처럼
우리네 인생도 그렇게 화려하지는 않지만
화단 한쪽을 차지하는 것처럼
조용하고 묵묵하고 우리네 삶을 살아도 좋다

굳이 누군가에게 보이는 화려한 삶은 아니지만
나 스스로 만족하고 행복하다면 우리네 인생은
그렇게 또 살만한가 보다
이름 없는 풀꽃처럼

주문진 소돌해변

삶에 지쳐 떠난 나만의 여행
어디에서 난 가장 행복했을까?

무작정 달려 도착한 주문진항구
차가운 바닷바람이 볼살을 에이게 만든
그 춥던 어느 날
삶이라는 미명으로 북적대며 살아가던 어촌의 비릿한 냄새
발길이 끊이지 않으며 살아 있는 물고기를 찾아 찾아
푸짐한 양과 신선함을 무기로
호객하는 상인들

삶이 지친다고 느껴지면 주문진항으로 가라
소돌해변에서 파랗디파란 바다내음과 색깔을
한참을 조용히 바라다본다

잔잔한 바다에서 펼쳐지는 분주한 삶
밖에서는 평화롭지만, 바닷속은 나름대로
바쁘게 돌아간다

차가운 바닷물에 발을 담가본다
나를 받아들이기엔 아직 차갑지만, 어느새 난 바다에 전신을
담그고 있다

정신이 번쩍 든다
좌절할 필요는 없다
슬퍼할 필요는 없다

다시 차가운 바다에 발을 담그며 느낀 그 느낌처럼
힘을 내어 살아가면 된다

강릉 경포대

어린 시절의 기억을 되살려본다
어리다고 하기엔 젊었던 30대 시절
세 청춘이 함께 차갑고 살을 도려내듯이 휘몰아치던 겨울바람을 한 몸에 안고
그렇게 강릉 경포대에서 얼음을 지쳤다
서로서로 손을 맞잡고 끌어주며
청춘을 얘기하고 추억을 얘기하고
미친 듯이 꽁꽁 언 경포대에서 신나게 놀았다

세월이 흘러 이제는
서로 연락도 하지 않는 냉정한 사이가 되었다
바쁘다는 핑계로 만나지 않았더니
서먹함이 서운함으로
서운함은 냉철한 타인으로 그렇게 인간관계를 만들었다

어차피 모래성 같은 인간관계
허물어질 줄 모르고 끝없이 쌓아가는 인간관계에서
나만 그 이정표를 몰랐는지도 모른다

서운함을 버리자
그냥 그렇게 상대방을 이해해주자
열을 주고도 하나도 기대하지 말자
무언가를 기대하면
그것이 물질이든 애정이든

서운함만이 가득한 세상
궁금하지만 아직 보고 싶지는 않은 느낌
어디선가 잘 살아 있겠지라는 생각

문득 걸려온 다른 친구의 전화에
그 친구는 아직 잘살아있다며 안부를 전한다

그래! 그래!
그렇게 잘살면 된 거지!

고흥 유자

끝없이 펼쳐진 광활한 바다 곁에
노랗게 익어가는 탐스러운 보물

돈이 안 되는지
이리저리 나뒹구는 유자가 안쓰럽게 느껴진다

우리네 삶도 저러할까?
사용하다 쓸모없으면 버려지는 부품처럼
아니
유자처럼
그렇게 조직에서 버려지는 걸까?

어느 날 밤
문득 걸려온 전화
"저 회사에서 잘릴 것 같습니다"

울먹이는 40대 중반 두 아이의 아빠인 가장에게서
인생의 무게를 느낀다

잘할 수 있다 아직 꿈이 있다
공중에 맴도는 허황한 격려만이 내 입에서 계속
나오고 있다.

두려워 말라고 위로를 건네고
그 친구는 이미 패닉

유자처럼 버려지는 것일까?
저렇게 고귀하고 값진 보물 유자를 상업적
가치가 없다고
그냥 저렇게 버리는 것일까?

그렇게
값지고 소중한 인재를 쓸모없다고 버리는 것일까?

현대인의 슬픈 비애는 언제쯤 끝이 날까?

부산 해운대

끝없이 올라간 도심 빌딩 숲 아래 망망대해처럼 펼쳐진 그곳
아파트값이 몇 배나 올랐는데 자기는 소유가 아닌
그저 월세 인생이라는 후배의 푸념

40층에서 내려다보는 해운대 앞바다는 망망대해
그 자체
가슴 답답함이 사라진다

차가운 겨울도 이곳에서는 무기력
따스한 12월의 향기가 가슴속에 스며든다

북적댐 없이 그저 평화로운 바닷가 정취에 취해
커피 한잔에 삶의 여유를 찾는다

후배 강아지와 함께 백사장 모래에 흐드러져 앉아
일광욕을 즐긴다
햇볕이 따스하게 가슴까지 녹여준다
뭐가 그렇게 신나는지 루나는 미친 듯이 춤을 춘다

서글서글한 눈망울에 한없는 애정을 싣고 나를 바라본다
무섭다고 호들갑 떠는 녀석들에게 루나는 애정으로 다
가간다

나만 보면 반갑다고 품에 와락 안기는 녀석
부산 해운대는 한 끼의 백반으로도 나에게 행복을 준다

매콤한 백반 불고기에 오랜만에 만나도 늘 웃음으로
반겨주는
그러한 인연의 줄을
난 오늘도 살포시 붙잡아본다

만나든 만나지 않든
그렇게 마음으로 응원가를 부른다
누군가를 생각할 때 떠오르는 이미지

그래!
그 녀석은 해운대 바닷바람처럼 늘 상큼하게 신선하게 사람을 해맑게 웃으며 대한다
부산 해운대 차가운 밤바람이 오늘따라 유난히 그리워진다

반포동

서울 하늘 아래 달동네
굽이굽이 골목길을 따라올라가야 하는 보금자리
언제쯤 이곳이 상전벽해 할까?

이름은 반포동
생활주거환경은 시골 동네보다 못한 달동네

모아타운 바람이 분다
죽을 때까지 기대하지 않았던 이곳에
새로운 희망의 싹이 튼다
사람들이 모여들기 시작한다

하지만
더 매입할 주택은 없다
희망에 부풀어 다들 큰 기대를 건다
이번만큼은 이번만큼은

달라질 새로운 세상에 대한 기대
반포동의 랜드마크가 되겠지
아니 서울의 랜드마크 아니 강남의 랜드마크

더는 이 상태로 머물 수 없다는 생각
새롭게 다시 거듭나야겠다는 삶의 의지
반포동은 그렇다
희망과 열정의 아이콘으로 그렇게 다가온다
차가운 겨울바람이 아닌
봄바람 찰랑찰랑 훈풍으로 다가온다
설령 이 꿈이 잘될지 어떨지 모른다

하지만
우리네 인생은 희망을 품고 그 싹을 틔우는 그것만으로도
소중하고 값진 작은 씨앗들의 결정체
오늘도 희망과 사랑과 기대감의 부푼 가슴으로
반포동 하늘 아래를 바라다본다

유채꽃

이른 봄을 알리는 전령사
도심 한가운데 산자락 아래
텃밭이라는 이름으로 폐비닐에 더렵혀진 자연

주인 있는 그곳에 어느 날 갑자기 텃밭 가꾸기라는
이름으로
야금야금 불법경작을 하면서
우리네 산야는 그렇게 오염되어갔다

주인보다 불법 경작자가 큰소리치는 세상
양심은 없다
그저 철면피
큰소리치면 모두가 내 것
내 세상마냥
세상이 참으로 거꾸로 돌아간다
주인보다 더 큰소리치는 세상이 되었다

내 재산에 대한 권리를 주장하기 힘들어지는 세상
사랑과 정의라는 이름으로
아름다운 자연을 되찾겠다는 이름으로
유채꽃 씨앗을 뿌린다

고사리 같은 아가들의 작은 손에서
하루 전 불린 유채 씨앗들이 또로롱 내려와
땅에 자리를 잡는다

어떤 모습으로 변신해있을까?
노란 봄빛 향기를 언제쯤 전해줄까?
오랜만의 곡괭이 질이 주는 땀의 소중함
온몸이 땀에 쩔고
손에 물집이 잡히기 시작한다

하지만
노동 후에 짜장면 한 그릇과
시원한 냉커피에
노란 유채꽃이 만개한 산자락을 그리며
기쁨의 환희를 상상해 본다

우리네 인생도
이 유채꽃처럼
마냥 밝음 밝음이었으면.....

Ⅳ.

나는 누구인가?

나는 누구인가?

아내의 유방암

큰아들 빌리펑 C

작은아들 비바찡

끝없이 달리다

나는 누구인가?

수많은 역할
어쩌면 엄마 뱃속에서 나오면서부터
나에겐 선택권이 없었는지도 모른다
내가 누구인지 도무지 갈피를 잡을 수 없는 세상
단 한 번도 나인 적이 없다
그냥 그렇게
세상의 굴레와 바퀴 속에서
하나의 부품처럼 그렇게 맞춰지고 끼워져가며
한 조각 퍼즐처럼 살아왔다

나를 찾고 싶다
나의 정체와 본연을 알고 싶다
끝없는 고민을 해본다
어떻게 살아야 할지
어떻게 내 역할을 충실히 이행할지
누구도 해답을 제시해주지 않는다
내 이름을 다시 조용히 불러본다
이름으로 불린지가 한참의 시간이 지났다
그래도 아직 내 이름을 불러주는 이들이 있다면
그들은 나의 찐 친구들
따뜻한 국밥 한 그릇에 힘을 내고
다시 나를 찾아본다

아내의 유방암

믿고 싶지 않다
그래 거짓말일 거야!
또 나에게 시련이 찾아온 것일까?
하나의 짐을 덜어내고
이제는 좀 편안함을 찾았다고 생각한 순간
청천벽력같은 유방암 3기

지금까지 자신을 돌보지 못하고 뭘 했냐며
오히려 화를 버럭 낸다

또다시 시작된 삶의 굴레와 무게

이것을 온전히 내가 다시 지고 해결해야 한단 말인가?
치료를 받기 전 진단하는 단계가 두려움과 공포의 대상

왜왜왜
이제는 그만
제발 암이 아니기를
간절히 간절히 기도드린다

그렇게 기도를 드렸지만
암이라고 한다

암암암
암 그렇지, 그렇고 말고
한 오백 년을 살자고 하는데
한오백년은커녕 오십 년 살기도 버거운 인생살이

무게란 무게는 다 짊어지운 느낌에
다시 호들갑을 떨며 분주해진다

6차에 걸친 항암 표적 치료
캐어의 시작과 끝은 도대체 언제..

문득 떠오르는 생각
역지사지
당사자가 가장 힘들 거야

그래! 그렇지
이제 원망과 푸념은 그만,
다시 현실을 받아들이고 극복해야지!

어느새 3차가 끝나고 이제 3차의 항암 표적 치료만 남았다
그리고 방사선치료와 수술

그래그래
잘될 거야!
희망 회로를 끝없이 돌려본다

큰아들 빌리떵 C

10년을 함께 했다
어느새
눈가에 주름지듯
얼룩덜룩
새까맣게 물든 녀석을 바라보며
…
24시간 같이 함께하자며 늘 나만 찾는다
만나면 반갑다고 격하게 꼬리치는 바둑이처럼
내가 떠나가면 목놓아 우는 그 녀석 때문에
난
CCTV로 나의 근황을 밖에서도 알린다

하지만
목소리 듣고는 더 격하게 우는 녀석을 바라보며
애잔한 마음을 달랠 길 없다

나에게 간절한 기도 하나는
제발 부디
지금 이대로의 모습으로
건강하게
나를 바라보는 그 밝은 미소와 눈망울로
내 곁에서 나와 함께 하기를

먹을 것보다 나와 산책을 더 좋아하는 녀석에게
난 세상 인간살이에서 느끼지 못하는 따뜻한
온정을 느낀다
이 정도의 인간관계라면 난 언제든지 환영환영

작은아들 비바찡

천하를 내려다보는 높은 곳에서
고귀한 너의 눈빛은 늘 아스라했지!

고풍스러운 너의 꼬리와 너의 우아한 자태는
세상 젤로 포근하고 따스했지!

아침이면 일어나 간식을 보채는 너의 울음소리는
나의 지친 영혼과 마음을 따스하게 안아주었지!

늘 자신을 우아하게 가꾸려
끊임없이 도전하는 너의 노력에
난 늘 respect respect

그렇게 아름답게 단장하는 널 보면서
난 오늘도 나의 삶을 꾸려본다

나의 작은 몸짓 하나에도
애정다운 눈빛으로 날 먼발치에서 바라보는
너의 고결한 자태에
난 오늘도 완전무장 해제

그래!

그렇게 넌 나에게 가장 소중한 존재가 되어가고 있었고
가장 보고 싶은 내 삶의 일부가 되었다

끝없이 달리다

너무 달리려고만 하지 마
이제는 잠시 쉬어도 돼
쉬지도 않고 끝없이 걷고 달리면 결국 지쳐 쓰러져

돌이켜보면 손에 잡힐듯한 인생살이
언제 그렇게 시간이 흘러갔을까?

누군가의 아들에서 이제는 누군가를 돌봐야 하는 한 집안의 가장
밥벌이만 하고 살 정도면 족한데
그 정도는 충분히 해냈으니
이걸로도 충분히 족한 인생이지

나에게 인생 상담을 하고
나에게 고민을 털어놓고
나를 큰 산처럼 바라보는 수많은 사람
내가 그렇게 많은 짐을 짊어지고 갈 수 있는
그릇이 되는지..

인생을 살아가면서 느꼈던 수많은 생각들
차가운 길거리를 걸으며 혼자 외롭게 고심했던 많은 시간
끊임없이 달리며 나 자신을 채찍질하며 성공이라는 이름으로
나 자신을 혹사했던 그 순간들
이제는 보상을 받는 시점인가?

나에게 소망이란
아프지 않고 건강하게 하루하루 살아가는 것

그래! 경제적 부는 나에게 또 다른 사치일 뿐
침대에 누워 내일에도 눈을 뜰 수 있기를 바라는 많은 사람의
바람을 기억하며
난 오늘도 이렇게 감사 일기를 써야 한다

크게 달리지는 못하지만, 조용히 산책 정도를
할 여유를 갖고
인생의 달리기 아닌 음악을 들으며 걷는
마음의 평화를 가져본다

V.

입시 공화국

입시 공화국

대치동 불빛

의대 전쟁

노빠꾸

청춘은 바쁘고 외롭다

아파트청약

입시 공화국

언제까지 참고 견뎌야 할까?
이제는 잠시 주저앉고 싶다
재수는 필수, 삼수는 선택?
노노노노
재수, 삼수는 필수, 이제는 사수까지

입시를 향한 내신전쟁
하나라도 더 맞춰야 난 이긴다
중간고사 시험에서 난 재가 시험을 못 봤으면 좋겠다

몰래 친구의 사물함에서 자습서와 시험준비자료를
소각장에 버린 녀석
겉으로는 웃지만, 속으로는 이를 갈며 이기고자 경쟁한다

시험 문제 하나로 인생이 달라지는 입시전쟁

러시아 우크라이나 전쟁만이 전쟁이 아니다
총성은 없지만, 교실 내에서 펼쳐지는 끝없는 전쟁

고3이 끝나면 나의 외로움이 끝이 날까?
기숙사의 불빛은 새벽녘까지 그치지를 않는다
curfew가 끝났지만 이불속에 손전등을 켜고
시험준비를 한다

이렇게 살아야 할까?
그다음은 어떤 시간이 나를 기다리지?

조용히 학교 옥상에 올라간다
이제는 끝내고 싶다
하지만, 떠오르는 얼굴들
난 이마저도 용기 없는 패배자인가?

루저 외톨이는 싫지만, 이제는 같이 밥 먹을 친구도 없다
교실의 밤공기는 여전히 싸늘하다

하지만,

이글이글 타오르는 저들의 눈빛은 과연 무엇을 향하는 것일까?
누가 이들을 이렇게 만들었을까?
사회? 아니면 성공에 대한 끝없는 욕망과 집념?
해답도 없는 인생 숙제와 문제를 난 오늘도 풀며 살아야 한다

"조금만 참아! 그러면 곧 대학생이 될 거야~~ "
전화기 너머 잔잔히 들려오는 엄마의 목소리
"엄마, 그다음엔 쉴 수 있을까?"
....
말 없는 한숨만이 나의 뇌리를 감싼다

새벽공기가 유난히 상큼하게 느껴진다

그래!

또 소리 없는 싸움터에서 난 나만의 싸움 아니 겉으로는 웃는
그들의 가식 섞인 연기와 호흡하며 밝음을 찾아 헤맨다

대치동 불빛

아침부터 밤늦도록 불빛은 꺼지지를 않는다
바쁜 엄마의 유난스러운 극성

굳이 이 먼 곳까지 와서 공부를 해야 할까?

대치동은 시골 동네보다 못한 촌스러움 그 자체이다
왜 이곳에 학생들이 벌떼같이 모여 벌떼같이 사라져야 할까?

같은 시각 동시에 쏟아지는 수많은 아이
핏기없는 청춘들의 얼굴에서 무엇이 보일까?

강남 8학군에 입성하기 위해 노력했건만
이제는 도저히 입성할 수도 없는 집값

한 자라도 더 배워야 살 수 있다

차에서 내리며 엄마가 전하는 말
"엄마, 나 그래도 엄마 생각하며 살아야 하는 거지?"
내가 내 엄마에게 했던 말을
우리 딸이 나에게 똑같이 전한다
네가 살아갈 세상은 좀 더 밝고 좋아야 하는데

이제는 학원가의 불빛이 좀 꺼지고
교실에도 휴식을 줘야 하는데
유명한 정치인의 유난히 밝은 미소가 눈에 들어온다

그래! 저 아줌마도 자식을 위해서는 별수 없지!
겉으로는 쿨한 척하지만 자식 앞에는 어쩔 수 없지!
다들 자기 자식은 소중하니까!!

좀 더 가르치고 좀 더 빡빡하게 배우도록 대치동은
그렇게 존재한다
그렇게
그렇게

아슴푸레한 불빛이 가물거린다
내 눈도 조용히 감는다

의대 전쟁

자녀에게 묻지도 따져 보지도 않았다
그렇게
자녀의 인생을 부모는 의사라는 직업으로 한정해 버렸다
기계처럼 돌아가는 하루하루의 일상
의대 들어가기는 낙타가 바늘귀 통과하기보다 어렵다고 한다
수능 문제 다 맞춰야 하고 그것도 선택과목별 표점을 따져야 하고
그렇게 의대를 들어가고자 갈망한다
의사가 주는 직업적 안정감
사회적 위상
바쁘게 돌아가는 병원 생활에 지쳐가는 의사
의사 아들보다는 차라리 의사 사위를 권하는 사회적 분위기
좁은 공간 안에서 쳇바퀴 돌 듯 힘겹게 살아가는 그들의 삶에
존경을 표하면서도
내 자식이 저렇게 평생 살아가야 한다면
과연 그토록 희망하고 갈망한 의사 아들을 만들기 위한 노력이
…

단지 우리 아들 의사예요

타인의 부러움을 받기 위해 아니면

역사적 사명과 인류를 구한다는 거창한 목표?

전쟁 아닌 전쟁을 단지 3년이 아닌 십여 년 치르게 된다

전쟁에서 승전한 장수의 모습처럼

그렇게 의대를 뚫기 위한 피나는 전쟁은

언제 끝날 줄도 모른 채 계속 진행 중이다

노빠꾸

인생 별것 없어
그대로 직진 노 빠꾸 노빠꾸
좌절 노노 성공 고고
그랜마는 말했지
그래 임마
인생 살아봐 다 똑같아
넘 빨리 달리면 지쳐 죽어
힘들면 take a rest

to the end 버틴 놈이 victory
그래그래 그것이 바로 인생
지치면 take a rest
no frustration move forward
to the end gogogo

이제야 알 것 같은 인생
degree grab하면 모든 게 해결될 줄 알았지!
박사로 불리고 싶어 끝없이 달렸지
기분꿀잼 좋아좋아

BUT BUT BUT

계속 이어지는 끝없는 move forward
die die die 계속 달려야 하는 헐헐헐
생각했지
요령이 필요해 삶의 묘미

그랜마는 말했지
그래 임마
인생 살아봐 다 똑같아
지치지 말고 끝까지 고고고
no frustration success gogogo

청춘은 바쁘고 외롭다

내일이 오지 않기를 기도하고 있다
아침에 일어나기란 지옥과 같은 삶

10분 아니 5분만 더 자고 싶다

바쁜데 손에 쥐어지는 게 없다
월세에 생활비에 교통비에 통신비에
한 잔의 쓴 커피도 나에게는 큰 사치인가?

누군가를 만나서 사랑을 나누는 것도 나에겐
큰 사치인가?
혼자 사는 삶을 꿈꿔본다

난 부모님 같은 삶을 살고 싶지 않다
그렇게 오롯이 자식을 위해 희생했지만
난 이렇게 단칸 셋방에서 라면 한 그릇에 만족하고 있다

외로움보다 더 무서운 것은
미래가 없다는 암울한 현실
왜 나에게만 이런 삶이 주어지는지…

주변을 돌아본다
금수저나 플래티넘 수저가 아닌 이상
모두 오십보백보 인생
별반 차이가 없는 삶에
위로를 찾는다

다시 태어날 수 없음을 안다
그래도 희망한다
다음 인생에는 부자인 부모를 만나고 싶다

하지만
그마저도 헛된 망상임을 깨닫는다

나에게 필요한 것은 지금, 이 순간
단 1분간의 단잠뿐

아파트청약

무작정 아파트청약을 기다린다
자녀가 없는 후배
그렇게 계속 아파트청약을 기다리고 넣어보지만
가점이 낮아 언제나 미역국

그새 몇 배나 뛴 집값
이제는 도저히 집을 살 수가 없다
대출도 반 토막 나고
그냥 월세나 전세
하긴
전세도 이제는 사치
월세살이 인생을 평생 살아야 할까?

도대체 도대체
언제 나에게도 청약의 꿈이 이뤄질까?
청약도 이제는
주변 시세에 맞춘다

나한테 어쩌라고
왜
어쩌라고

후배의 푸념을 들으며 소주 한잔을 기울인다
그래!
형 말을 듣지 왜 안 들었어?

혹독하게 야단치고 싶지만
풀 죽어 술잔을 기울이는 녀석을 바라보며
애잔한 마음을 달랜다

각자의 인생에
내가 무슨 권리로

그들에게는 그들의 삶이 있음을
존중하는 법을 배우게 된다

인생 좀 더 살면 알게 된다는 말을 하고 싶지만
이 또한 꼰대임을 입증하기에

하지만 건전한 꼰대라는 이름으로
때로는 부린이를 이끌어주고 싶다

그렇게 서울의 밤은 깊어만 간다

지쳐 드러눕고 싶을 때

1판1쇄 2022년 5월 10일

저자 전설
발행인 이경화

발행처 디자인21
주소 04560 서울특별시 중구 퇴계로 293-1 3층
전화 02-2269-6561(대)
팩스 02-2269-6568
e-mail 21publish@naver.com

등록번호 제1-1128호
등록일자 1991.2.12

ISBN 978-89-6131-086-4 03810

정가 10,000원

http://21publish.co.kr/
https://blog.naver.com/publish21